AF436780

Maravillosas ANÓNIMAS

Leonardo Palta

VENADO REAL

Anónimas Maravillosas
©2020, Leonardo Palta

Primera edición: abril de 2020

©de esta edición:
Ediciones Venado Real
edicionesvenadoreal@gmail.com

ISBN: 978-9974-8780-2-0

Dirección editorial y corrección: Juliana Del Pópolo
Ilustración de portada: Ana Clara Picco
Diseño de cubierta e interior: Ailín Calire

Obligado por una
admiración
que muta
en una inspiración
imposible de reprimir ,
he plasmado estos versos
dedicado a las Anónimas Maravillosas
que sostienen al mundo
y porque
tarde o temprano
me voy a desangrar , elijo que sea en letras .

Leonardo Palta

Cicatrices dentro de botellas
en un vaivén pensativo
que me contamina
u
olvido biodegradable
que descompone malos recuerdos
y logra un natural
proceso sanativo
Elijo sonreír después
de tanto daño

Anónimo

Nos descubrimos
en un beso anónimo
de amor momentáneo
Luego,
cada uno
se perdió
en una existencia
de intermitente
remembranza

Amores fallidos

Aún
bombeas cenizas.
Amores fallidos
transitan tus venas.
Sigo esperando,
latiendo
por mí,
por ti.

12

Disfraces

Tienes talento
para detectar
disfraces
que los hombres
utilizan
camuflando su hipocresía.
Ellos
lo llaman locura.
Tú,
libertad.

Ven

*D*e él
a mí.
Ven de a poco,
por partes
que antes amaba
y hoy detesta.

Ven secretamente,
hasta que
se duerman
tus sueños
en su cama
y despierten
en mi pecho.

Atada

Atada a él
con nudos
que su soberbia
hace en tu garganta.

Hasta que comprendas
que no es desatar
ni tragar
sino cortar.

Cartas de amor

Si muero
llegarán cartas de amor
de mí escritas
para que leas sin lágrimas,
con tus ojos cerrados
y si quieres contestar
al remitente
solo mira al cielo
y sonríe como nunca.

Sentencia

Condenado
a cadena perpetua
de recuerdos tuyos
por el crimen
de amarte a quemarropa
mientras otras personas
andan libremente hiriendo
en amor condicional.

Abrazo

Tú y yo
dispuestos
a caber recíprocamente
dando la espalda
a todo
y luego de ese abrazo,
separarnos
para ser completados
o no,
en un extraño estado
de temor feliz.

Refractaria

Ella es refractaria,
recíproca a tu ataque.

No podrás
ver si la heriste
mas prepara tus cimientos
para su devastadora
réplica.

Nómada

Habitante
de tu planeta
de carne,
huesos
y sueños.
Nómada tuyo
de vida a cenizas.
No necesito explorar
otros astros.

Jaula

Flores sintéticas.

Hojas de cartón.

Te enamoras
de un jardín
lleno de trampas.

Los barrotes
no se rompen con aleteos.

Tu lamento
será música
en su perversa vida.

Sangre

Piel
tuya,
mía,
forjadas
en tiempo y espacio,
formando
una pequeña aleación
que llevará
nuestra sangre.

Empatía

Su empatía
distribuye trozos
de ella
a quien necesite.

Confusamente,
algunos hombres
presumen en sus vitrinas
esa cortesía
como trofeo
de conquista.

Intacta

Muchos
trozos de otros labios
adheridos
a tu boca.

Excesivas
caricias anónimas
en tu piel.

Intacto,
tu corazón.

Semblanta

Pruébame
el semblante
en el caos
de tu indecisión.

Que mi desempeño
sea llave
o portazo.

Búsqueda

Traer
a mi mente
poco a poco
porciones tuyas
para que extrañes
lo peor,
lo mejor.

Hasta que vengas
a buscarte en mí
y allí te quedes.

Cenizas

Para separarnos
cayeron rayos
de prejuicios
entre tú y yo.

No saben
que el amor
ha quemado
y mezclado
nuestras cenizas.

Fluyes

Casi completa
fluyes
por mi mano dominante
y sales escrita.

Algo tuyo,
vital,
queda en mí.

Tu locura no rima
con la miseria
que habita en la calle.

Espectro

Tus cerraduras cambiaron,
soy un espectro
orillando puertas
de una casa habitada por otro amor.

Tu perdón
fue también
desalojo.

Excesiva

No me permites alcanzarte
como si
toda tú, de golpe
fueras excesiva.

Dejas fragmentos tuyos
en mi camino
para caber de a poco.

Entras sin colapsarme,
para amarnos
día a día mejor
como si nuestro amor
no supiera de prisas.

Preso

Preso
de tu nombre
escrito sesenta veces
en veinticuatro paredes,
sin puertas,
ventanas
ni cielo.

Es otro día
sin ti.

Puentes

Ya no te amo,
hace tiempo
también tú
dejaste de hacerlo.

Solo quedaban puentes
en un mismo sentido
y desaparecieron
con ese instante lúcido
que me dio la locura
de quedar amando
en soledad.

Aleación

No voy a ser
una aleación
de arrugas con arrepentimiento
por no atreverme
y dejar
que él siga contigo
cuando tú y yo sabemos
que estamos destinados
a ser
sin importar cómo.

Pacto

El amor y yo
hemos decidido omitirnos.

Tú eres
víctima de ese pacto
que libera ataduras
pero limita el ser
destruyendo
a quien me ama.

34

Crucigrama

Hombres
intentando aprender
tu abecedario
de diez dedos.

Ademanes y líneas
verticales,
horizontales.

Quieren resolver
el crucigrama de tus manos.

Analfabetos banales
que no leen
el todo que eres.

No

No me tortures
con noches
de ausencia
porque el insomnio
te llevará mi nombre.

Ni me hieras
porque
inevitablemente
sangrarás tú.

Aferrado

Aferrado
al movimiento
de lo abstracto
con recuerdos tuyos,
falsamente libre,
esperando la muerte
con socarrona sonrisa
pues tú no estás
ni serás
y el mundo me sobra.

Peón

Reina,
nadie pensó
que tú
y este peón
serían.

La gente juzgó,
aún lo hace
y se empequeñece más.

No necesitamos aprobación
de sus creencias
para amarnos.

Veo

Veo a mujeres
deseando ser tú.

Quieren esa libertad
en su pelo.

Tus ademanes
se duplican en fábricas.

Tus accesorios
se buscan en el mercado negro.

Miradas copiadas
Pasos robados

Veo a mujeres
imitándote
y no encuentro
nada tuyo en ellas.

Milagro

Si difícilmente
algún día
te comparo, amor mío,
será
con el sol rojizo
que se levanta y cae
o el misterioso abrazo
del mar con la tierra
u otro milagro natural
que te imite.

Pero no con otra mujer.

Temor

Elijo
el insomnio
que activa
el pensamiento.

Temo a la noche
porque,
durmiente,
no asegura
que sueñe contigo.

41

Átomo

Tal vez
mis escritos
han venido
a desordenar ideas
para ordenarte la vida
y en esa lectura
tú y yo
terminemos de escribir
la historia juntos.

Contradicción

Es
contradictoriamente misterioso
que un beso
tuyo
sea la transmisión
de una enfermedad
que me mantiene
vivo.

Soledad

La piel...
lo han hecho,
pero
erizar mis venas
como cuando
en trilogía
tu voz,
tu vista,
y tu tacto
me sucedieron

Eso,
sol mío,
nadie.

Arcoíris

Voy a caminar
contigo
en esta noche húmeda
para ver
como tu luz
y la lluvia
crean
un arcoíris taciturno.

45

Jornada

Salgo a ganar
tu cariño
diariamente
para escapar
de la indigencia pasional
que propone la rutina,
terminar la jornada
con besos tuyos
en mis bolsillos,
y vivir el día a día
en conquista permanente
como tu obrero enamorado.

Sitiada

Sitiada
por la creencia
de que él va a cambiar
construyes paredes
que solo tú ves.

Afuera,
infinidad de hombres
esperan,
buscan
una mujer así.

Ausencia

No hay malas noticias en la tv.
En las fronteras
se trafican poemas.

Las guerras
son de almohada.

El mundo coexiste
porque
todo lo que destruye
está frente a mí
desde que te has ido.

Despedida

Se despidieron
son ostentar
ese amor infinito,
sin promesas.

La muerte
se sintió pequeña
sabiendo que entre ella y él
todo continuará.

Llave

Con una llave
sin duplicado
abres el portal
nocivo del pasado.

Pero cuando descubres
el umbral del presente juntos
dejas el futuro
libre
de puertas y cerraduras.

Fatalidad

La fatalidad
ha logrado engañarme.
La red
que creí ver
para saltar de ti
es una telaraña
de recuerdos tuyos
que vinieron
a extraer
la esperanza
de mis entrañas.

Humo

He decidido
acercarme
al fuego
de tu mirada
aun a riesgo
de que el humo
ahogue mi corazón.

Monoteísta

La humanidad adoró
cosas menos extraordinarias
que tu risa,
la luna
o el sol.

Entonces,
cómo no ofrendar mi vida
a esa sonrisa
que hace de mí
un monoteísta enamorado.

Erosión

Erosionas
prejuicios
a través de escritos
hechos a puño
contra la injusticia.

Bienvenida
tu inspiradora rebeldía.

Furtiva

Entras furtiva,
con el aire
y yo,
como no queriendo respirar,
logro entender
que la opción
de olvidar
es la muerte.

Tesoros

Descubriste
en la ciudad perdida
de mi cuerpo
muchos tesoros
ocultos a los demás
y lejos de saquear
te quedaste
a poblarme.

Obsequio

Le obsequiaste
sentidos
envueltos
en la totalidad
de tu tiempo.

Él cambió
por bramidos
la promesa
de susurros eternos.

Perlas

Las perlas
que luces
en el escote
de tus labios
cuando sonríes
son la estrategia
correcta
para conquistar
el mundo.

Latidos

Mi corazón
es un libro.

Amor,
come mis letras,
arranca páginas
como antes hicieron,
pero si quieres
terminar de leerme,
quédate
hasta el último latido.

Cita

Naturaleza,
ciencia,
religión
han unido conocimiento,
aun así
no saben explicar.

Es simple,
inteligencia y belleza
tuvieron un encuentro.

En ti
quedó firmado
el pacto
de esa cita.

Juntos

Te amas.

Me amo.

Sabemos
que para ser felices
debemos estar
imprescindiblemente juntos
en libertad.

Inmóvil

Aquí,
sin ti,
inmóvil
sobre la tierra,
sepultado
en el aire,
en cuenta regresiva
de erosión
indefectible.

Desafío

A tu lado quiero
el desafío
de no ser suficiente.

Buscar nuevas conexiones,
evolucionar en besos
desechar mi aburrida inercia.

Volver al inicio
como cuando te amaba
y no eras mía.

Sequía

No le causarás
más sufrimiento.
Sus lágrimas anuncian
tu soledad.

Morirás sin ella,
crujiente,
pisoteado,
en inminente
sequía.

Habitante

Soy habitante
de un planeta equivocado
tal vez confundido
por una gravedad tóxica.
No te culpo.
No me culpo.
Mis virtudes y defectos
no son para tu mundo.

Traslación

Tú
en traslación desquiciante
alrededor de su ego.

Aun así,
eres
el planeta
que quiero habitar.

Espera

Puedo estar
toda la vida
frente al mar
esperando que llegues
en una ola
para quedarte,
para llevarme.

Da lo mismo,
te pertenezco
desde la espera.

Contorno

Adoro ver
tu contorno
de estrofas
en la tarde amarilla.
Recostada
en la playa
rimas
con la naturaleza.

Ilusión

Tu recuerdo
es un camino circular
donde
la ilusión
carcome
los desvíos.

Certezas

Las certezas
en las que creí estar
fueron una burbuja
que reventó
de dudas
al contacto
con tu mirada.

Tu nombre

Escuché tu nombre
ser arrastrado
por el barro de los hombres,
eres
su miedo.

Escuché tu nombre
ser invocado
por mujeres que quieren libertad,
eres
su inspiración.

71

Caricia

*C*uando
la tristeza
elije tu pelo
para instalarse,
imagino
que son mis caricias
quienes la quitan,
en el momento en que algún cabello
queda atrapado
en mis manos.

Alianza

Una sábana blanca
ondeando
en tu tez territorial
simboliza
mi rendición.

Estoy dispuesto
a sellar contigo
una alianza
apasionada.

Clichés

No ha sido fácil.

Después de una serie
de pretextos creativos
superando clichés
que te aburren,
he logrado llegar
a tu línea de partida.

Ahora depende de mí.

Órbita

Sé
que al estrellarnos
terminaría la vida
de tu planeta
y el mío.

Por eso
seguimos la órbita
que trazó el universo,
cada uno
en su atmósfera.

Inercia

La soberbia
me dejó atrapado
en un tren
sin pasajeros
ni estaciones,
en inercia indefinida.

Tú eras
mi último andén.

76

Nobleza

Para que yo escriba,
para que tú leas,
hubieron árboles
que negaron sombra,
sacrificaron frutos
y dieron su vida.

En nuestro amor
revive su nobleza.

Invasión

Nuestro abrazo
unió
dos repúblicas solitarias.
Cada accidente geográfico
tuyo y mío
es la frontera,
el punto de encuentro,
entre naciones
que necesitan invadirse
para vivir en paz.

Antípoda

En la antípoda
de tu preferencia
me encuentro.

Sin embargo,
me acerco
por el lado ciego
cuando lees
y te enamoras
de cartas anónimas
que te envío.

Expulsión

Cuando
en voluntad
no logre olvidar,
la naturaleza
de mi cuerpo ayudará.

La piel será pared.
A tiritones
y estornudos
te voy a expulsar.

Fricción

La fricción cotidiana
nos desató.
Creímos
ser eternidad,
fuimos momento.
Seamos dignos
de aceptar
que no seremos.

Utopías

Por ti
me pierdo
en rituales unilaterales
de fuego mental
nocturno
y utopías líquidas
recíprocas.

82

Eslabones

Encadenado
a ti,
con eslabones
que hace de sus fracasos
y coloca en tus pies.
Aun así,
sigues caminando
con él a rastras.
Pero no olvides
que antes de conocerlo
tú
volabas.

Elección

Amarnos
pero elegir la vida
solitariamente fácil,
vacía
pensando
que nos reencontraríamos.

No,
no hay regresión
con el destino.

Viviremos,
moriremos,
amándonos
en otras personas,
añorando
lo que soltamos.

Mereces

Mereces que te quieran.
Demasiado entregas
por nada.

Aun ajena
voy a amarte.

Habernos llegado tarde
es irrelevante
para no sucedernos.

Reciprocidad

Te amo,
sin vicios
o límites,
en camino recto.

Pero,
sin reciprocidad
no esperes
que este sentimiento
sea interminable
pues muere
o se vuelve fugitivo.

Paradigma

Espontánea,
fuera de cualquier
protocolo establecido
lo has besado.

Eres el paradigma
que el amor necesita.

Valiente

Cuando el miedo
es un precipicio,
saltas
y de ese atrevimiento
te surgen alas.

Valiente mía,
eres la inspiración
que los rastreros
temen.

Anárquica

Personas
en inercia sistemática
y máscaras robadas,
ocultando su luz
y oscuridad,
queriendo ser otras
y tú,
anárquica planetaria
tú... tan tú.

Roce

Fue un roce
tal vez incidental
que produjo
la chispa
donde arde
nuestra amistad.
Abrasados,
abrazados,
nos encontró
el amor.

90

Fracasos

En cada
punto cardinal
fracasos crucificados
advierten
que no debes entrar
a mi territorio.
la indiferencia
es el camino
para alejarte
de este cementerio
de ilusiones
en que me he convertido.

Grilletes

Sin color,
mimetizada con la indiferencia,
el cabello
atrapado por candados.

Trapos, piel, huesos,
funcionales a sus celos.

En los pies
grilletes que abrazan
jurando amor
y en el espíritu, él
prendiendo y apagando
tu luz.

Cometa

Eres tú
o seré cometa
sin lazo
y donde me lleve
la vida
no quiero nada
pues sin ti
detesto
todo lo que atraiga
o me ame.

Escape

Allí, donde estés
el pensamiento te trae
y el cuerpo,
tu cuerpo,
quiere seguirlo.
No hay escape
ni desvíos
en el camino
hacia mí.

Lado oscuro

Mi lado oscuro
te espera.

Ven,
a ciegas entenderás
que hay vivencias
de las que no escapas ilesa
o huyes aburrida,
pero de mí
simplemente
no podrás,
no sabrás,
no querrás
salir.

Estados

De los diferentes
estados
de mi espíritu
elijo
los que existen
por tu intervención.

Esa intensa
mezcla nuestra
confirma
que antes de ti
mi vida era
una vacía costumbre.

Mezcla

Mezcla
un tercio de su ira
con un gramo
del talento que tiene
para opinar inoportunamente.

Agrega
una pizca de sus miedos
y el hielo sentimental
que la compone.

Bébela moderadamente
o perderás la cabeza.

Simulacro

Conocernos,
ocultar lo bueno
tras un simulacro
de apatías o furias
y si después
de tanta oscuridad
persiste la atracción,
mostrar la luz.
Que
tu dualidad,
mi dualidad,
se adapten
y amen.

Promesa

Se me cierran los ojos,
supongo que eternamente,
y entre el gentío que llora
diciendo lo maravilloso que era,
sé que tú no estás.
De pronto, la nada
y al final
esa luz
que ya me había
encandilado en vida,
esperando
cumpliendo la promesa
de un reencuentro
que vence la muerte.

Condena

Te resignas
a su indiferencia.
Encerrada
en una celda,
con miedo atroz
a escapar.
Mereces
cumplir esa condena,
no por amarlo
sino
por no amarte.

Pensamientos

Te amo,
tanto
que mis pensamientos,
actos,
apuntan a ti
y cuando duermes,
agonizo preguntándome
cuándo despertarás
para seguir viviendo.

Todo

*T*odo
lo invisible tuyo
instalado en mí,
lo maravilloso
o complejo,
no ocupa lugar.
Sin embargo,
debo decir
que nada más
cabe dentro mío
desde que te amo.

Atemporal

Lo que me une a ti
no cabe
en los ojos de la gente.
Es por eso
que no ven ni entienden.
Tan atemporal
que lo supe antes de nacer
y te llegará
aun después
de que yo sea
un puñado de letras
que vivieron
solo porque tú las leíste.

Fugitivo

Es
un fugitivo
compulsivo
que regresa
de batallas perdidas
esperando esa mirada
que alguna vez
le regalaste.
Un derrotado
buscando gloria,
intentado sumir
tu presente
en su natural
ciclo destructivo.

Burbuja

Ser,
o creernos ser,
dueños recíprocos.
De pronto
el reloj derriba
el portal de la burbuja
de cuatro paredes
para volver a vestirnos
de convencionalismo.

Humedad

Elogios forzados.
Besos contaminados.
Caricias ásperas.
La humedad
nos abandonó
hace tiempo
y en nuestras mentes
rondan
otros nombres.

Nube

Nube mía,
enlazo con el viento
tu cintura
trayendo el recuerdo
hacia mí,
como cuando
aquí en la tierra
te abrazaba.

Luna

La Luna
tiene
todas mis preguntas
sobre ti,
en su silencio
y falta de luz propia
comprendo
las respuestas.

Recomenzar

Te quedas
si quieres,
aquí hay lugar
y si te parece pequeño
o crees que no cabes,
deshabitado lo que he sido
y tú me enseñas
a recomenzar.

Sombras

No amor,
no puedes engañarme
tras esa apariencia indiferente.
La gente y yo
hemos visto
cómo tu sombra
toma la mano
de mi sombra.

Hechizo

Ha pasado
infinidad de tiempo
y yo aquí
en el mismo lugar
bajo el hechizo de tu risa,
inmóvil
a tal punto
que me pregunto
si esperarte
es una forma de morir.

Voces

*V*oces,
allá dentro mío,
gritan no cedas.
Es tarde
para intuiciones defensivas
porque voy a su mente
como ella vino a la mía,
prescindiendo de lo físico,
burlando la distancia,
amándonos en esencia.

Noche

La noche
lisa,
oscura
como tu piel sin lunares.

La Luna
en fase sonrisa,
tan tú,
tan solitaria,
tan feliz.

Inminente

No me confundas
con fracasos anteriores
ni me archives
entre prejuicios.
Mi paciencia confirma
lo que tu miedo sabe.
No acepto
el rol de amigo
porque sabemos
que el amor
entre tú y yo
es inminente.

114

Convencida

Tú
no eres mía aún
y no es porque
te haya dado todo
que debas serlo.
Llegarás
a su debido momento,
llena de mundo
convencida de que soy
lo que no encontrarás
en otro lugar.

Tuyo

No hay misterio
un fuerzas sobrenaturales
en este amor
que te ofrezco,
es simple,
sin recovecos oscuros,
constante,
algo presumido
cuando vamos de la mano
Respetuoso de tu libertad,
pero
sobretodo
exclusiva y eternamente
tuyo.

Viento

El viento
que sopla
e invade y traslada,
que se mueve sirviendo,
se ha detenido
por única vez
a aspirar tu perfume
y luego
nada será igual para él, aunque vuelva
a la rutina
que le otorgó
la naturaleza.

Código

Eres mía
hasta cuando no me piensas
incluso cuando lo niegas
¿cómo desactivar mi nombre
en cada conversación cotidiana
que tengas?
si cada letra
me va acercando
en un código
que solo tú,
amor mío,
descifras.

Victoria

Jugamos
con tus reglas
incluso en tu terreno.
Así entenderás
que el recorrido contigo
es mi victoria,
aun
cuando al final
creas
que has ganado.

Rosy

Me amó
aun cuando yo me odiaba,
incluso
contra su mundo afectivo.
Con ese amor
desafió al destino evidente
que a los perdedores
se nos augura.
Creyó,
porque solo ella
pudo entrar al infierno
y salir conmigo de la mano.

Radiactiva

Hermoso por fuera
pero
absolutamente inhabitable.
Tan radiactivo
para mi alma
como destructivo
para mi paz.
Tan vacío
que cualquier forma de vida
termina consumida
en el intento de poblarlo.
Planeta tú.

Lapso

Voy a crear palabras
con letras nuevas,
persistir en intentos
que tal vez
me hagan poeta
aun
en la frustrada búsqueda
por descubrir
tu lapso terrenal.

Atrapado

Atrapado
en los escombros
de mi corazón derruido,
sin querer salir.
Aplastado,
por un amor mal construido,
esperando la última mentira
que derribe lo que fuimos
y termine con mi vida.

Dosis

En dosis diarias
de ingenio
tú y yo
cuidamos nuestro amor
de la incertidumbre
que contagia
el aburrimiento.

Intacta

Libre el pelo,
descosidos los labios
desatada la mirada.
Ya no caminas
en puntas de pie
y tus manos escapan del cuerpo
para saludar.
Amiga,
te veo intacta,
como si no lo hubieras conocido,
feliz,
luego del olvido.

Ojos

Ojos achinados,
horizontes duplicados
donde la naturaleza ensaya
crepúsculos y auroras simultáneos,
como si el tiempo,
enamorado,
te inmortalizara
riendo.

Miedo

El miedo
a decirlo
me mantiene
detrás
de un cristal blindado,
inexistente
antes de amarte.

Traducción

Amor,
solo yo
sé la traducción humana
de tu lenguaje gestual.
A besos
he pasado mi vida
aprendiendo
tu idioma corporal.

Indiferencia

El maltrato
e indiferencia
agujerean tu pecho
como municiones.
Por allí,
él
sale derramado.

Intacto

A veces
vuelves para ver
lo que quedó de ti
en mí.
Pero
ahora estoy intacto.
Ya no te miras
en un espejo roto.

Infinitud

El invadir
mente,
corazón
y vivir para ti,
no alcanza.
Debe haber algo más
luego de esta infinitud
de sentimientos.
Por eso aún no te amo
y dudo que la vida
sea suficiente para demostrarlo.
Supongo que la muerte y yo
haremos un trato
cuando venga a buscarme.
Ella me mata nuevamente
si sufres
y tú me revives
cuando sonríes.

Gracias infinitas a la profesora María Gisela Basaez,
por apoyar mis letras
y creer en mí desde antes del comienzo.

Índice

www.ingramcontent.com/pod-product-compliance
Lightning Source LLC
Chambersburg PA
CBHW031328160726
47993CB00002B/581